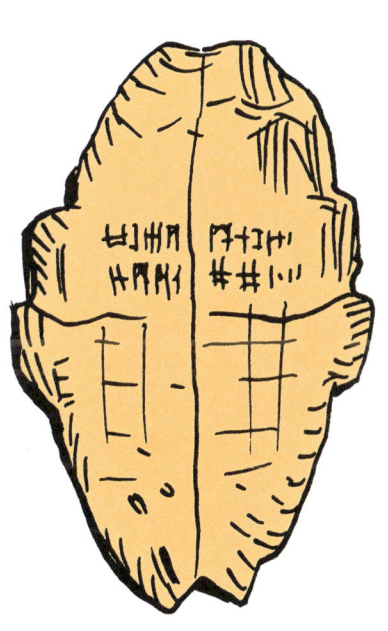

THE AUTHORS
Creation and co-writing: Yuval Noah Harari
Adaptation and co-writing: David Vandermeulen
Adaptation and illustration: Daniel Casanave
Colors: Claire Champion

ALBIN MICHEL
Editor: Martin Zeller
Editing and coordination: Lauren Triou

SAPIENSHIP STORYTELLING
Production and management: Itzik Yahav
Management and editing: Naama Avital
Marketing and PR: Naama Wartenburg
Editing and coordination: Nina Zivy
Translation and editing: Adriana Hunter
Diversity consulting: Slava Greenberg
www.sapienship.co

Sapiens: A Graphic History, The Pillars of Civilization(Vol. 2)
Copyright ⓒ 2021 by Yuval Noah Harari

Korean translation copyright ⓒ 2021 by Gimm-Young Publishers, Inc.
All rights reserved.

A graphic novel adaptation developed in partnership with Editions Albin Michel.

This Korean edition was published by arrangement with Yuval Noah Harari.

이 책의 한국어판 저작권은 저작권자와의 독점 계약으로 김영사에 있습니다.
저작권법에 의해 한국 내에서 보호를 받는 저작물이므로 무단전재와 무단복제를 금합니다.

사피엔스
: 그래픽 히스토리

Vol.2
문명의 기둥

Sapiens 유발 하라리
다비드 반데르묄렝 각색 | 다니엘 카사나브 그림 | 김명주 옮김
: A Graphic History

Yuval Noah Harari

김영사

기둥을 세운 조상들에게,

그리고 더 나은 조상이 되어야 할 우리에게

_ 유발 하라리

차례

역사 연대표　　　　　　　　　　　6

공포의 작은 작물　　　　　　　8

신화와 인간에 대해　　　　　　64

미로 속으로　　　　　　　　　123

픽션 박사의 밀실　　　　　　　164

감사의 말　　　　　　　　　　　254
이 책의 내용에 대해　　　　　　　255

역사 연대표

138억 년 전   물질과 에너지가 생김. 물리학의 시작.
              원자와 분자의 생성. 화학의 시작.

45억 년 전   행성 지구의 형성.

38억 년 전   생물의 출현. 생물학의 시작.

600만 년 전   인류와 침팬지의 마지막 공통 조상 할머니.

250만 년 전   아프리카에서 인류가 진화함. 최초의 석기.

200만 년 전   인류가 아프리카에서 유라시아로 확산함.
              다양한 인류 종의 진화.

40만 년 전   유럽과 중동에서 네안데르탈인이 진화함. 불의 일상적 사용.

30만 년 전   아프리카에서 호모 사피엔스가 진화함.

7만 년 전   인지혁명. 허구의 출현.
              역사의 시작. 사피엔스가 아프리카 밖으로 확산함.

5만 년 전   사피엔스가 호주에 정착함. 호주 대형 동물 멸종.

3만 년 전   네안데르탈인의 멸종. 호모 사피엔스가 유일하게 살아남은 인류 종이 됨.

1만 5,000년 전   사피엔스가 아메리카에 정착함. 아메리카 대형 동물 멸종.

1만 2,000년 전	농업혁명. 동식물을 길들임. 영구적 정착.
5,000년 전	최초의 왕국, 문자, 돈, 다신교.
4,250년 전	최초의 제국(사르곤 대왕의 아카드 제국).
2,500년 전	주화의 발명 — 보편적인 돈. 페르시아 제국 — 보편적인 정치 질서. 인도의 불교 — 보편적인 가르침.
2,000년 전	중국의 한 제국. 지중해의 로마 제국. 기독교.
1,400년 전	이슬람교.
500년 전	과학혁명. 인류가 자신의 무지를 인정하고 전례 없는 힘을 획득하기 시작함. 유럽인들이 아메리카와 바다를 정복하기 시작함. 지구 전체가 하나의 역사적 무대가 됨. 자본주의의 부상.
200년 전	산업혁명. 가족과 지역사회가 국가와 시장으로 대체됨. 동식물의 대량 멸종.
현재	인류가 지구라는 행성의 경계를 뛰어넘음. 핵무기가 인류의 생존을 위협함. 생물이 점점 자연선택보다 지적 설계의 영향을 받기 시작함.
미래	지적 설계가 생명의 기본 원리가 될까? 비유기적 생명 형태가 출현할까? 인간은 신이 될까?

공포의 작은 작물

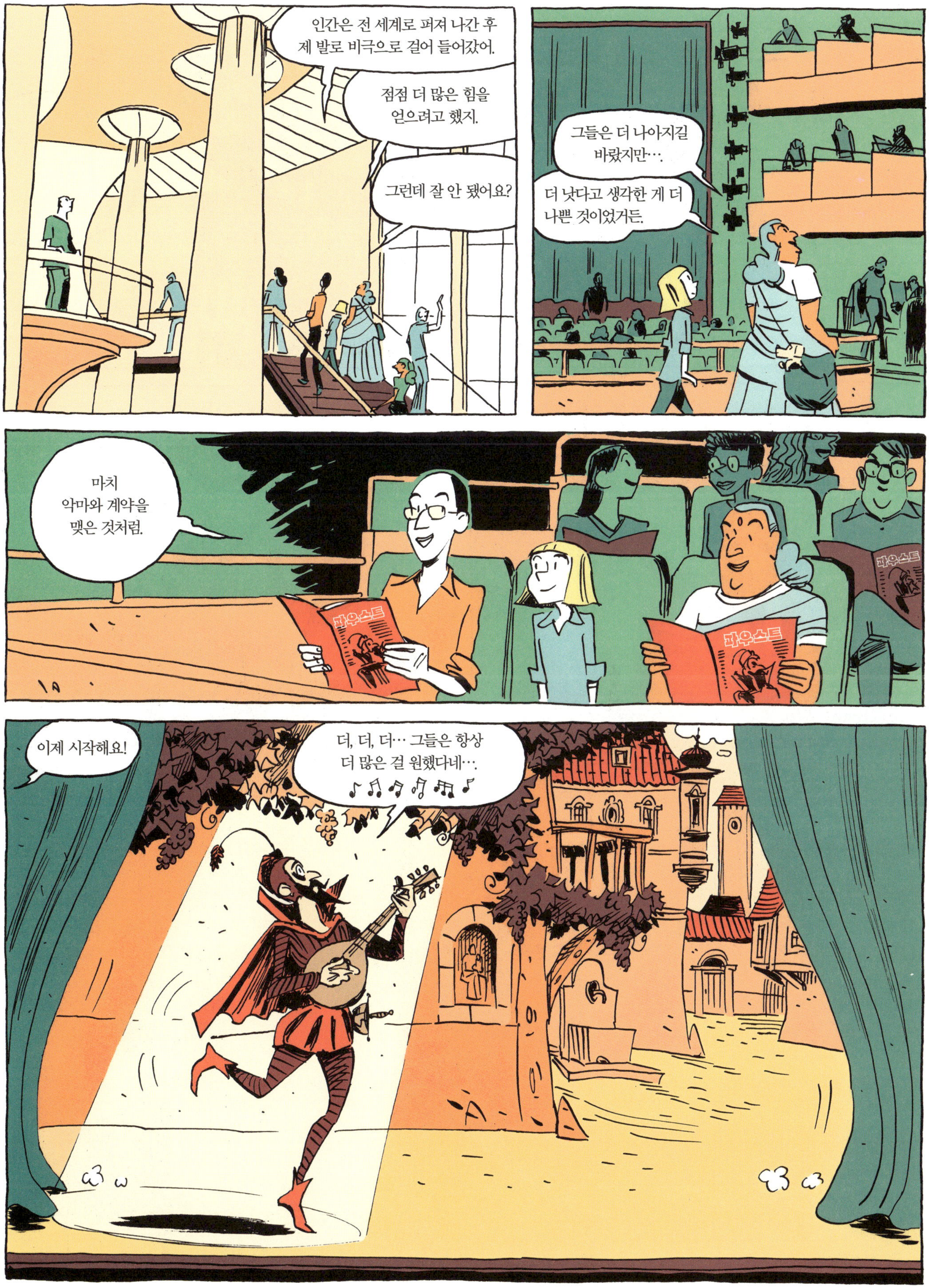

데일리 비즈니스 뉴스
농업혁명은 덫이었다!

유발 하라리, 전 세계 시장을 뒤흔들 폭탄선언을 하다!

밀턴 골드마인: 농업은 인류의 가장 위대한 거래

유명 경제학자 밀턴 골드마인 교수가 하라리 교수의 발언을 반박하다 골드마인 교수 단독 인터뷰!

골드마인: 물론 개인의 관점에서 보면 농업은 위대한 아이디어가 아닐지도 모릅니다. 하지만 호모 사피엔스 주식회사의 관점에서 보면 굉장한 성공담이죠! 곡식 재배는 단위 면적당 훨씬 많은 식량을 보장했습니다. 그것이 호모 사피엔스가 기하급수적으로 늘어날 수 있었던 비결입니다!

인기 칼럼: 뻥, 새빨간 거짓말, 그리고 통계

약 1만 3,000년 전

수렵채집인이 야생 동식물을 먹던 시절 팔레스타인의 예리코 주변 지역에서는 약 50명의 유목민 집단이 살아갈 수 있었다.

약 9,000년 전

밀밭이 야생 식물을 대체했을 때 그 사막의 오아시스에서는 약 1,000명이 크고 밀집된 마을을 이루고 살 수 있었다.

기자: 하라리 교수의 주장처럼, 호모 사피엔스에게 농업은 끔찍한 발상이었을까요?

골드마인: 하라리 교수가 틀렸어요. 그는 농업을 경영의 관점에서 보지 않아요! 제발 상식선에서 생각해 보자고요. 한 회사의 성공을 직원들이 얼마나 행복한지로 평가하진 않아요. 적어도 제가 알기로는! 우리는 배당금을 봐요. 그 숫자들은 농업이 인류의 최종 결산에 놀라운 기여를 했음을 증명하죠! 진화에서 통용되는 화폐는 굶주림이나 고통이 아니라 유전자예요!

기자: 진화의 관점에서 한 종의 성공을 평가하는 잣대는 DNA 사본 수라는 말씀이신가요?

골드마인: 그렇죠, 바로 그거예요! 모두가 아는 사실입니다! 하라리 교수도 알아야 해요! 돈이 없는 회사가 파산하는 것처럼, DNA 사본이 하나도 남아 있지 않으면 그 종은 멸종해요. 한 종의 DNA 사본이 점점 더 많아진다면 그건 진화적으로 대성공이죠.

기자: 1,000개가 항상 100개보다 낫다는 건가요?

골드마인: 물론입니다! 농업혁명의 기본 전제는 같은 면적에서 더 많은 사람이 살아갈 수 있게 하는 거죠. 그것이 진보예요!

유발 하라리와의 깜짝 인터뷰
하라리 교수에게 세 가지 질문을 하다

기자: 골드마인 교수의 반론에 대해 어떻게 생각하십니까?

하라리: 농업 덕분에 지구상에 더 많은 사람이 살게 됐지만 그들은 더 비참해졌어요! 제정신이라면 누가 호모 사피엔스의 유전자 사본을 늘리기 위해 자신의 생활 수준을 낮추겠습니까? 말도 안 돼요. 아무도 이 거래에 동의하지 않았어요! 그건 덫이었어요. 덫이 너무 천천히 닫히는 바람에 사람들은 영문도 모른 채 그 안에 갇히고 말았죠!

인터뷰는 12쪽에서 계속.

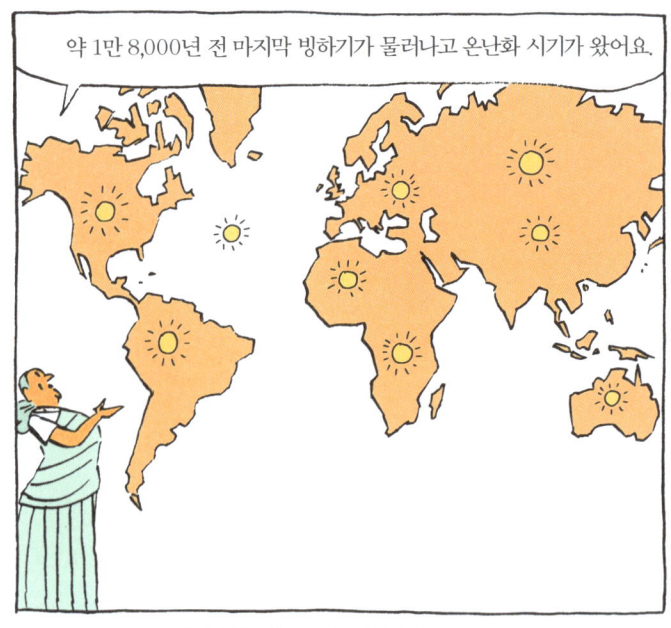

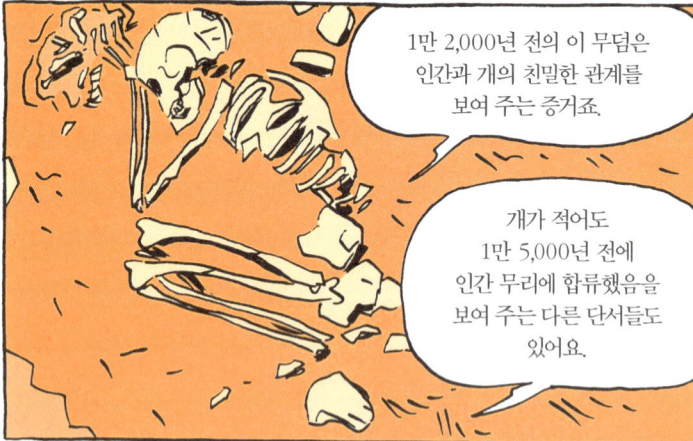

동물들은 어떻게

개 이후 더 많은 동물이 길들여졌어.

하지만 이번에는 인간이 주도권을 쥐었지.

그리고 밀과 마찬가지로 변화는 오랜 시간에 걸쳐 일어났어. 유목민 무리는 수세대 동안 야생 양을 추적하면서 양떼의 유전자 구성을 서서히 바꿨지.

첫 단계는 선별적인 사냥이었을 거야. 사람들은 다 자란 숫양과 늙거나 병든 양을 사냥하는 것이 이익이라는 걸 깨달았어.

새끼와 성숙한 암컷은 지역의 양떼가 오래 유지되도록 살려 뒀지.

두 번째는 경쟁자 무리와 포식 동물들로부터 양떼를 지키는 거였을 거야.

길들여졌을까?

어느 시점에 인간은 감시하고 지키기 쉽도록 양떼를 좁은 골짜기에 몰아넣었겠지. 그런 다음 자신의 필요에 맞게 양을 더 신중하게 골라내기 시작했단다.

가장 먼저 도살된 건 인간의 통제에 저항하는 가장 공격적인 숫양이었지.

그다음은 가장 야위고 모험심이 많은 암양이었을 거야.

양치기들은 잘 달아나는 양을 좋아하지 않아. 매세대 양은 더 통통해지고, 순해지고, 호기심이 줄었지.

이게 수많은 인내의 세월이 흐른 뒤의 결과야.

동물들은 왜 그리고

어디에서 길들여졌을까?

약 1만 년 전, 인간은 서로 동떨어진 몇몇 지역에서 양, 염소, 돼지, 소, 닭을 길들이기 시작했어.

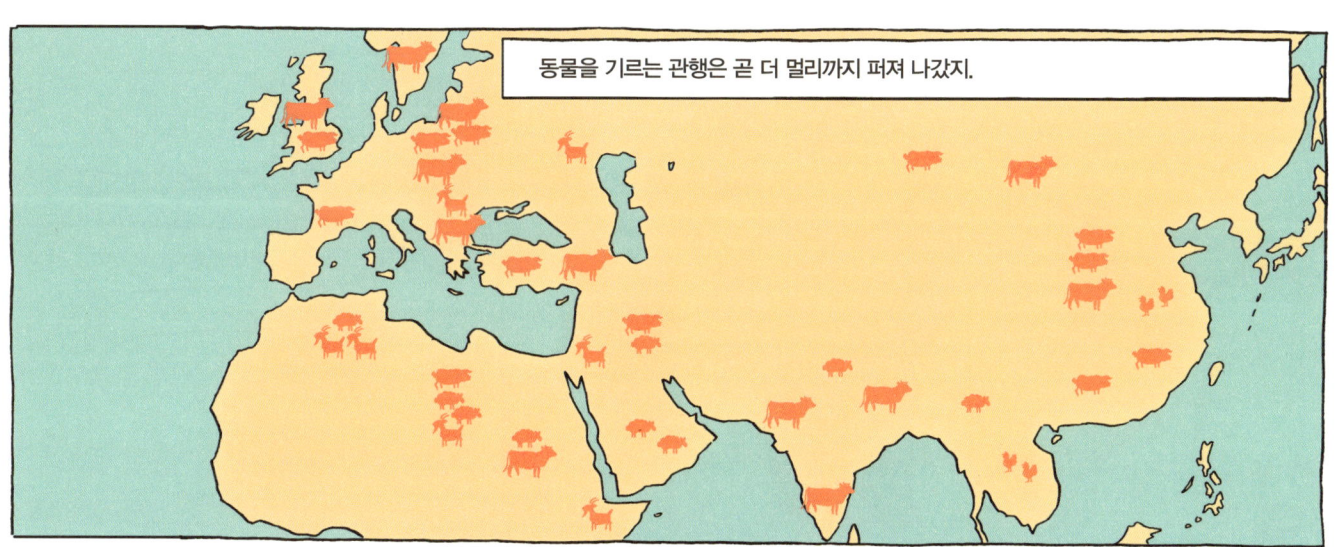

동물을 기르는 관행은 곧 더 멀리까지 퍼져 나갔지.

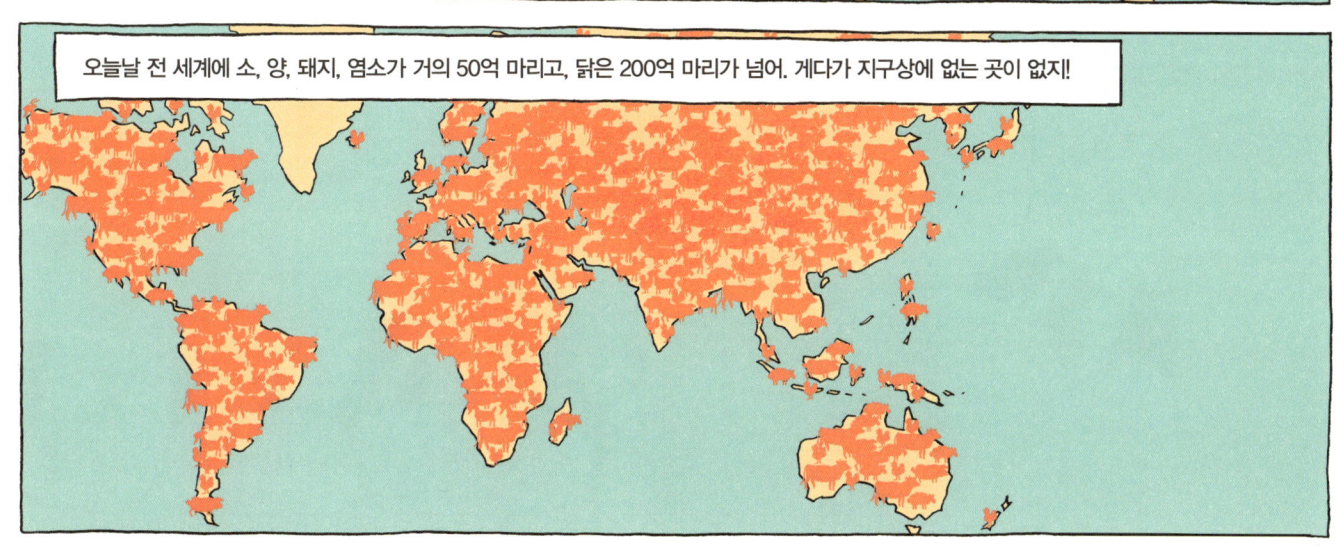

오늘날 전 세계에 소, 양, 돼지, 염소가 거의 50억 마리고, 닭은 200억 마리가 넘어. 게다가 지구상에 없는 곳이 없지!

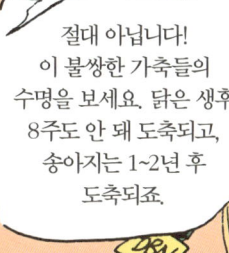

낙농업계는 동물들을 강제로 산업의 요구에 따르게 하는 방법들을 고안해 냈어요. 원래 소, 염소, 양은 출산 후에만 젖을 생산하고, 젖은 인간이 아니라 새끼를 위한 거예요.

낙농업자는 암컷을 수정시킨 후 출산하자마자 새끼를 떼어 냅니다. 그러고는 어미의 젖을 온 힘을 다해 짜낸 다음 곧 다시 수정시키죠.

인공수정은 가장 널리 시행되는 관행이에요. 요즘 많은 낙농 농가에서 젖소는 도축되기 전 약 5년을 살아요. 젖소는 그 5년의 대부분을 임신한 상태로 보내고, 젖을 최대한 생산하기 위해 새끼를 낳은 후 60~120일 이내에 다시 임신하죠.

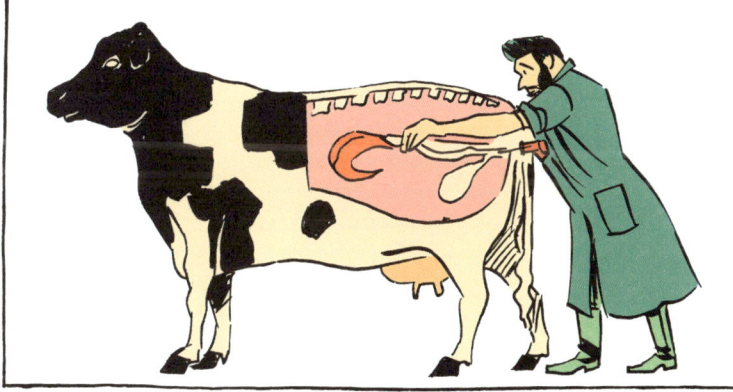

송아지는 어미와 분리되는데, 암컷인 경우에는 다음 세대의 젖소를 공급하기 위해 길러지고…

수컷은 육류업계에 넘겨지죠.

"낙농업이라는 산업의 토대는 포유동물의 가장 근본적인 유대를 끊는 것입니다. 바로 어미와 새끼의 유대죠. 생물학자로서 저는 그것이 끔찍하게 잔인하다고 생각해요."

"사실 생물학자가 보기에 낙농업은 잔인할 뿐만 아니라 아주 이상합니다."

"왜 인간이 소의 젖을 마시죠? 늑대는 절대 암양의 젖을 먹지 않고, 호랑이는 절대 코끼리의 젖을 먹지 않죠?"

"네안데르탈인과 고대 사피엔스도 다른 동물의 젖을 먹지 않았어요. 인간의 아기는 엄마 젖을 먹고 컸고, 젖을 떼면 다시는 젖을 먹지 않았죠."

"만일 여러분이 수렵채집인 조상에게 야생 소의 젖을 짜서 먹어 보라고 말한다면, 그들은 별 희한하고 역겨운 말을 다 듣는다고 생각할 거예요."

"우리 소화계는 소젖에 적응할 시간이 없었어요. 많은 사람들이 우유를 마실 때 이런저런 문제를 겪는 건 이 때문이죠."

"저는 '동물 가축화'라는 문제가 총체적으로 불편해요."

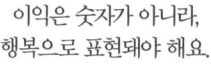

신화와 인간에 대해

환각 체험

샤먼, 주술사, 드루이드...

📍 예리코의 오아시스

· 1만 년 전
· 인구 1,000명
· 작은 사원 1개

▶ 첫 수확의 기쁨을 함께 나눠 보세요!
▶ 염소를 제물로 바치는 의식을 체험해 보세요!

특별 할인

꼭 가봐야 할 곳!

📍 차탈회위크 유적
꿈의 아나톨리아!

· 9,000년 전
· 인구 5,000명
· 신전 63개

▶ 봄의 황소 축제를 놓치지 마세요!
▶ 황소 희생 제물로 복을 빌어 보세요!
▶ 위대한 여성 정령을 경배하세요!
▶ 신석기의 사치에 안겨 보세요!

📍 메소포타미아
즐거움에 끝이 없는 곳!

· 5,000년 전
· 인구 10만 명 이상의 왕국들

▶ 지하수와 마법의 신, 엔키의 압주 사원을 방문하세요!
▶ 이슈타르가 사랑, 섹스, 전쟁의 모든 걸 알려 드려요!
▶ 12단계 길가메시 불멸 계획™을 체험해 보세요!

영원히 사는 법, 내게 물어보세요.

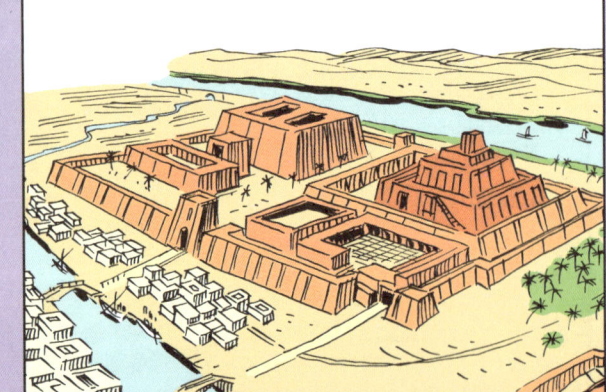

완전히 '뿅' 가게 만듭니다!

...그리고 변호사

📍 나일강 유역

- 4,500년 전
- 인구 100만 명
- 파라오 1인이 모두를 지배한다!

▶ 자칼 머리의 아누비스가 깃털로 영혼의 무게를 달아 줍니다!
▶ 스파에서 미라가 되어 보세요!
▶ 피라미드 안에서 길을 잃어 보세요!

가격 인하 **품절**

몽땅 포함된 패키지

📍 진나라
진나라로 하나가 되다!

- 2,200년 전
- 4,000만 국민
- 10만 병사가 동원된 대규모 행진!

▶ 황궁에서 거행되는 화려한 의식!
▶ 흙으로 빚은 친위대 병마용갱의 대열에 합류하세요!
▶ 방패를 내려놓으세요! 저항은 헛된 짓입니다!

다시없을 상품

📍 로마 제국
로마의 향연

- 2,000년 전
- 5,000만 국민

▶ 원형극장에서 잊지 못할 공연을 관람하세요!
▶ 농신제에서 신나게 놀아 보세요!
▶ 수상 경력이 있는 가이드 베르길리우스와 함께 지하세계를 여행하세요!
▶ 카이사르가 암살된 3월 15일 전에 예약해서, 키케로의 시리즈 강연과 함께 원로원 특별 방문 기회를 놓치지 마세요!

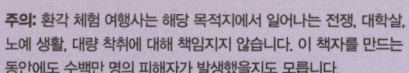

주의: 환각 체험 여행사는 해당 목적지에서 일어나는 전쟁, 대학살, 노예 생활, 대량 착취에 대해 책임지지 않습니다. 이 책자를 만드는 동안에도 수백만 명의 피해자가 발생했을지도 모릅니다.

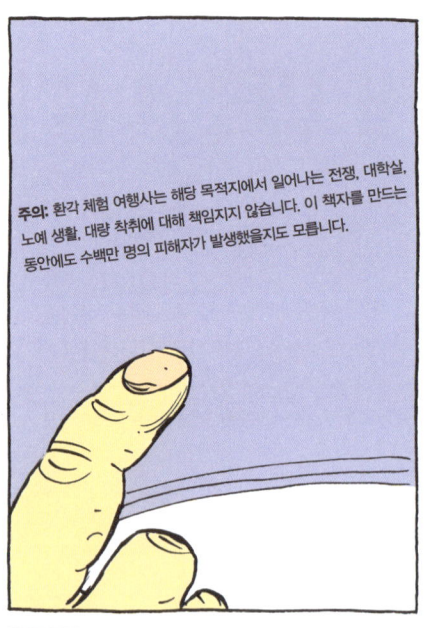

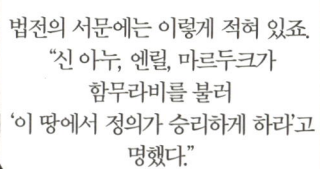

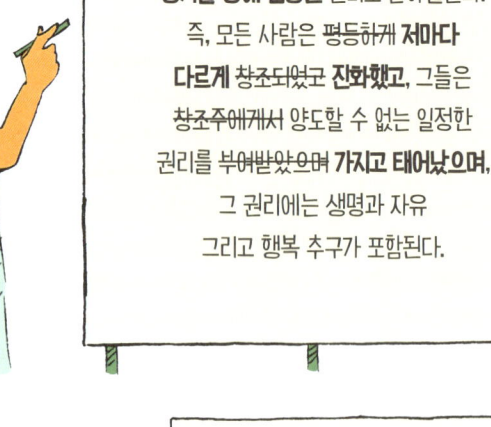

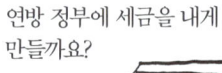

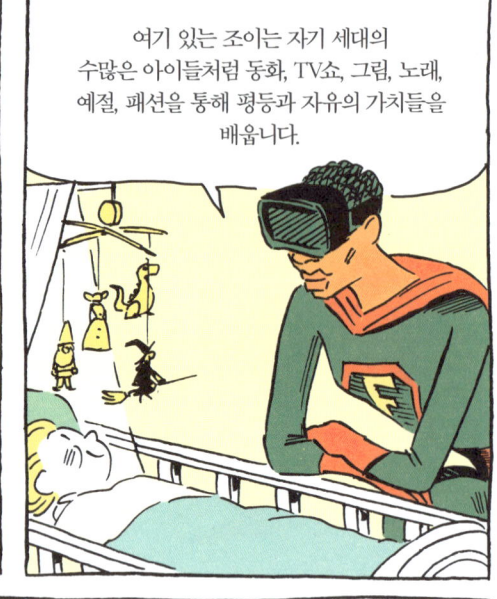

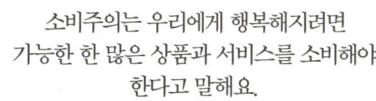

소비주의는 우리에게 행복해지려면 가능한 한 많은 상품과 서비스를 소비해야 한다고 말해요.

우리는 뭔가 부족하거나 잘못되었다는 느낌이 들면, 어떤 상품을 사고 싶은 욕구를 느끼죠.

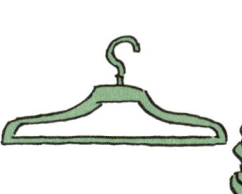

또는 서비스를…

모든 TV 광고는 새로운 상품이나 서비스를 가지면 삶이 더 나아진다는 믿음을 불어넣는 일종의 작은 동화예요.

한편 낭만주의는 느낌, 감정, 경험을 강조하죠. 낭만주의는 우리에게 충만한 인생을 살기 위해서는 더 많이 느끼고 더 많이 경험해야 한다고 말해요. 따라서 낭만주의와 소비주의는 찰떡궁합입니다.

낭만주의는 경험에 대한 욕구를 불어넣고, 소비주의는 그것을 제공하려고 안간힘을 씁니다. 물론 수고비를 받죠. 둘 사이에는 숨겨 놓은 자식이 있어요. 바로, 무한한 '경험의 시장'입니다. 이것을 바탕으로 번창하는 게 현대 관광산업이고요.

이 산업이 파는 건 항공권이나 호텔 숙박권이 아니라 경험이에요. 수십억 명이 거기에 기꺼이 돈을 지불하죠!

그래서 어떤 부부가 관계에 문제가 있다는 걸 알면, 통장을 깨서 파리로 여행을 떠납니다.
이 여행을 부추기는 건 한 개인의 욕망이 아니라, 낭만적 소비주의 신화에 대한 열렬한 믿음이에요.

고대 이집트의 부자는 결혼생활의 위기를 수습하기 위해 아내를 데리고 바빌론으로 휴가를 떠날 생각은 꿈에도 못 했을 거예요.
그는 아마 아내가 늘 꿈꾸던 호화로운 무덤을 지어 줬겠죠.

대부분의 문화에서 대부분의 사람들은 고대 이집트의 지배 계층처럼 그들 나름의 피라미드를 짓는 데 일생을 바칩니다.
문화마다 피라미드의 이름, 모양, 크기만 다를 뿐이죠.

상호 주관적인 것은 수많은 개인의 마음을 연결하는 의사소통망 안에 존재해요.

그래서 한 사람이 믿음을 바꾸거나 죽더라도 크게 문제가 되지 않죠.

하지만 그 네트워크에 속하는 사람들이 꽤 많이 죽거나 믿음을 바꾸면 변하거나 사라집니다. 상호 주관적인 것은 방사능과 같은 방식으로 존재하는 건 아니지만, 여전히 세계에 막대한 영향을 끼치죠.

법, 인권, 신, 국가, 기업, 돈은 객관적인 것이 아니라 상호 주관적인 것이지만, 역사를 만드는 가장 중요한 힘들이었어요.

다음 장 예고

허가신청서 UNIS-07
N°: 4,8,15,16,23,42

다음 장을 읽기 위해 필요한 허가 양식

경고!
계속 읽을 권한을 부여받으려면 UNIS-07 인증서가 필요합니다. 아래 양식이 올바르게 작성되어 반환되어야만 인증서를 받을 수 있습니다.

알아볼 수 있는 글씨로 빈칸을 채워 주세요.

섹션 A:

나, 서명인, _ _ _ _ _ _ _ _ _ _ _ _ _ _*은 앞의 장들을 완전하고 정확하게 읽었으며, 각 페이지 하단에 적힌 페이지 번호에 따라, 부서 간 행정위원회가 공표한 모든 규칙, 규정 및 법령을 존중하며 《사피엔스》를 계속 읽을 것을 맹세합니다.

섹션 B*: 작성하시오.

적절한 답변은 선을 그어 지우고, 해당되지 않는 경우 × 표시를 하십시오.

이름: ☐ 예 ☐ 아니요 ☐ 간혹
생년월일: ☐ 글루텐 함유 ☐ 글루텐 프리
주소: ☐ 결혼 ☐ 미혼 ☐ 복잡함   모국어: ☐ XXL ☐ XL ☐ L ☐ M ☐ S ☐ XXS

섹션 C*:

네, 《사피엔스》 한 부를 선물로 받았고, 지불 수단은 다음과 같습니다.
☐ 카드 ☐ 은화 세겔 ☐ 소금에 절인 오이

섹션 D*:

네, 《사피엔스》 한 부를 구매했고, 준 사람은 다음과 같습니다.
☐ 사촌 ☐ 교육부 장관 ☐ 훈족 아틸라

뒷면에 전체 주소가 있습니다.

이 서류를 알맞게 작성하시면, 저희 사무실에서 그것을 인도받아 6년 내에 무형의 양털모자 형태의 증명서가 발송될 수 있도록 처리해 드립니다.**

점선을 따라 정확하게 양식을 잘라 내십시오. 양식을 반환할 곳: 부서 간 메타 행정위원회, 부서 C-22, 섹션 B7C7.

* 필수 영역
** 재고 사정에 따라 달라질 수 있습니다.

미로 속으로

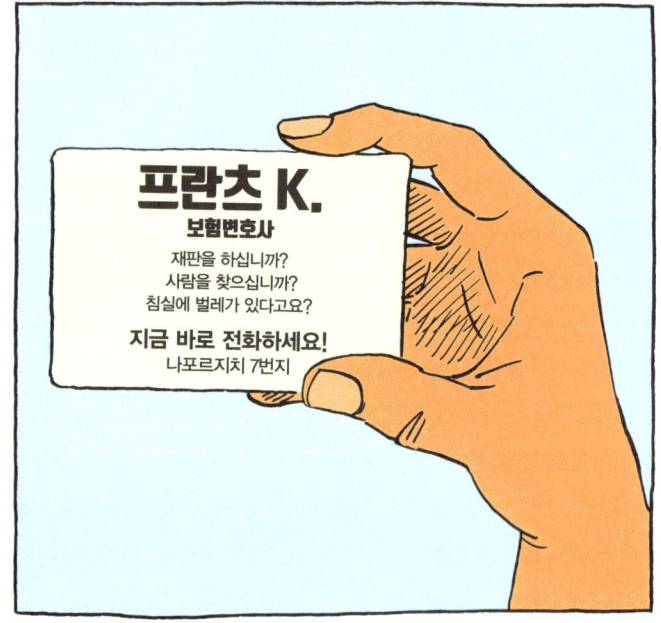

 인간 사회에서의 위치도 어느 정도는 벌집에 사는 벌의 위치와 비슷해요. 각 위치에서 해야 할 일에 관한 규칙이 DNA에 쓰여 있지 않다는 점만 빼고 말이죠. 대신 우리는 사회 규칙을 젊은 세대에게 가르치는 일에 온 정성을 쏟죠.

여왕 · 노동자 · 유모

바빌로니아 왕 함무라비는 자신의 DNA를 아들에게 물려주었지만, 그렇다고 해서 아들이 '눈에는 눈' 법칙까지 물려받은 건 아니었죠.

함무라비가 제국을 유지하기 위해서는 아들에게 제국의 모든 법을 일일이 가르쳐야 했어요.

어쨌든 법을 기억하는 건 시작에 불과해요. 제국에는 그 밖에도 기억할 것이 너무나 많았죠. 헤아릴 수 없는 거래와 세금들…

상선의 화물, 또는 군수 물자….

이런 정신 능력의 한계는 사회의 규모와 복잡성에 직접적인 영향을 미쳤어. 인구수와 축적된 자산의 양이 임계점을 넘자, 정보가 너무 많아서 머리로는 다 기억할 수가 없었지.

용량이 한정된 인간의 뇌는 그 모든 데이터를 감당하지 못해서 먹통이 됐어. 농업혁명 후에도 수천 년이 지나도록 인간 집단이 비교적 작고 단순한 상태에 머문 이유가 거기 있었지!

메소포타미아 남쪽의 수메르인들이 처음으로 이 문제를 해결했어. 수메르의 비옥한 토양은 그들에게 풍성한 수확을 안겨 주었고, 그래서 인구가 계속 증가해 결국 도시가 생겨났지.

하지만 도시 국가를 유지하기 위해서는 점점 증가하는 많은 양의 정보를 처리해야 했단다.

일단 그 따분한 숫자부터…

그렇지! 뇌는 그걸 할 수 없었지만, 5,000여 년 전 수메르에서 몇몇 똑똑한 괴짜들이 그 일을 위탁하는 데 성공했어!

즉, 뇌 밖에서 데이터를 처리하고 저장하는 시스템을 발명한 거지!

수메르인들은 갑자기 뇌의 한계에서 벗어났어! 그들은 그 길로 뒤도 돌아보지 않고 도시 국가, 왕국, 제국을 건설해 나갔지. 그들이 발명한 그 데이터 처리 시스템의 이름은 바로…

문자!

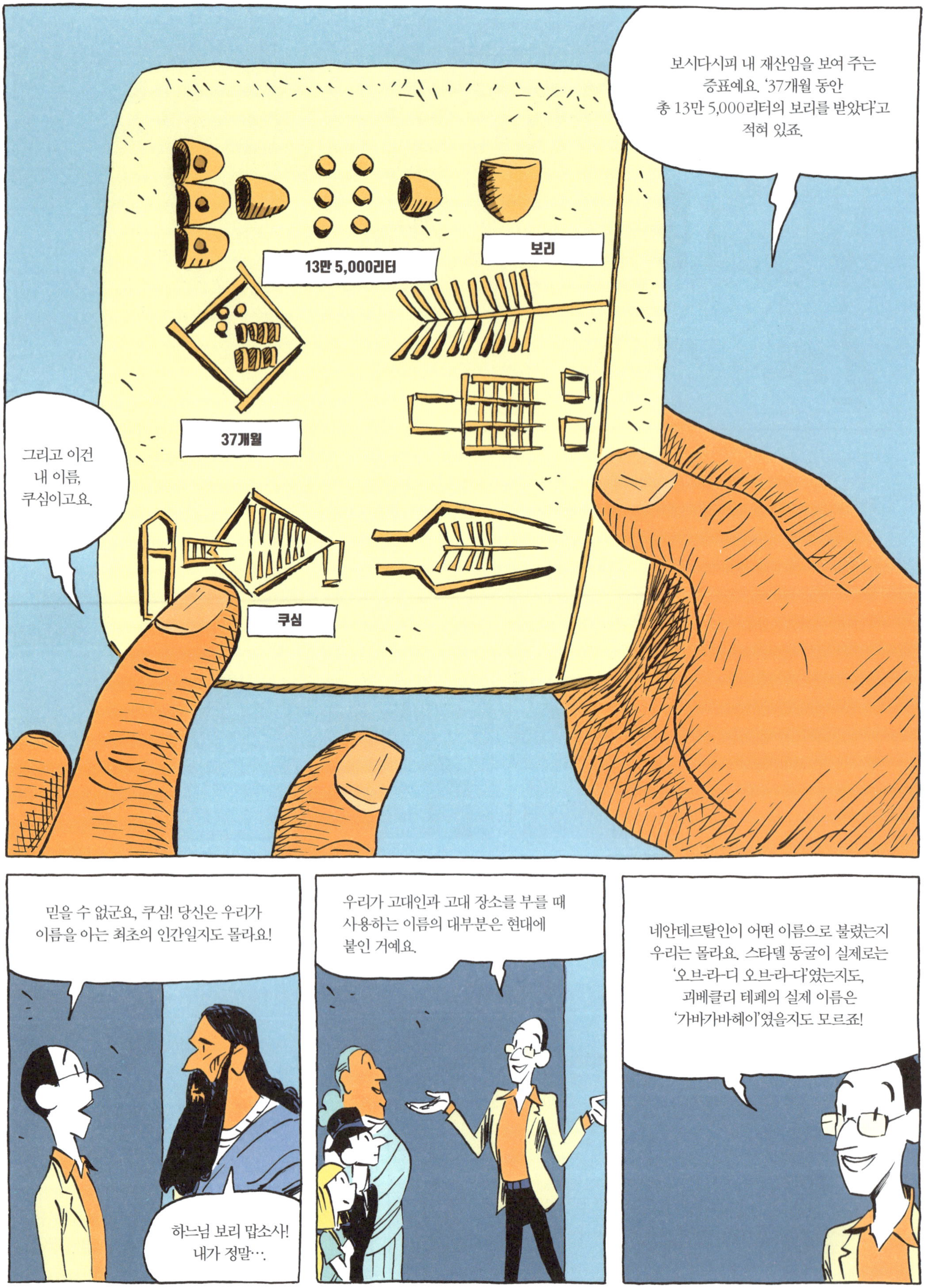

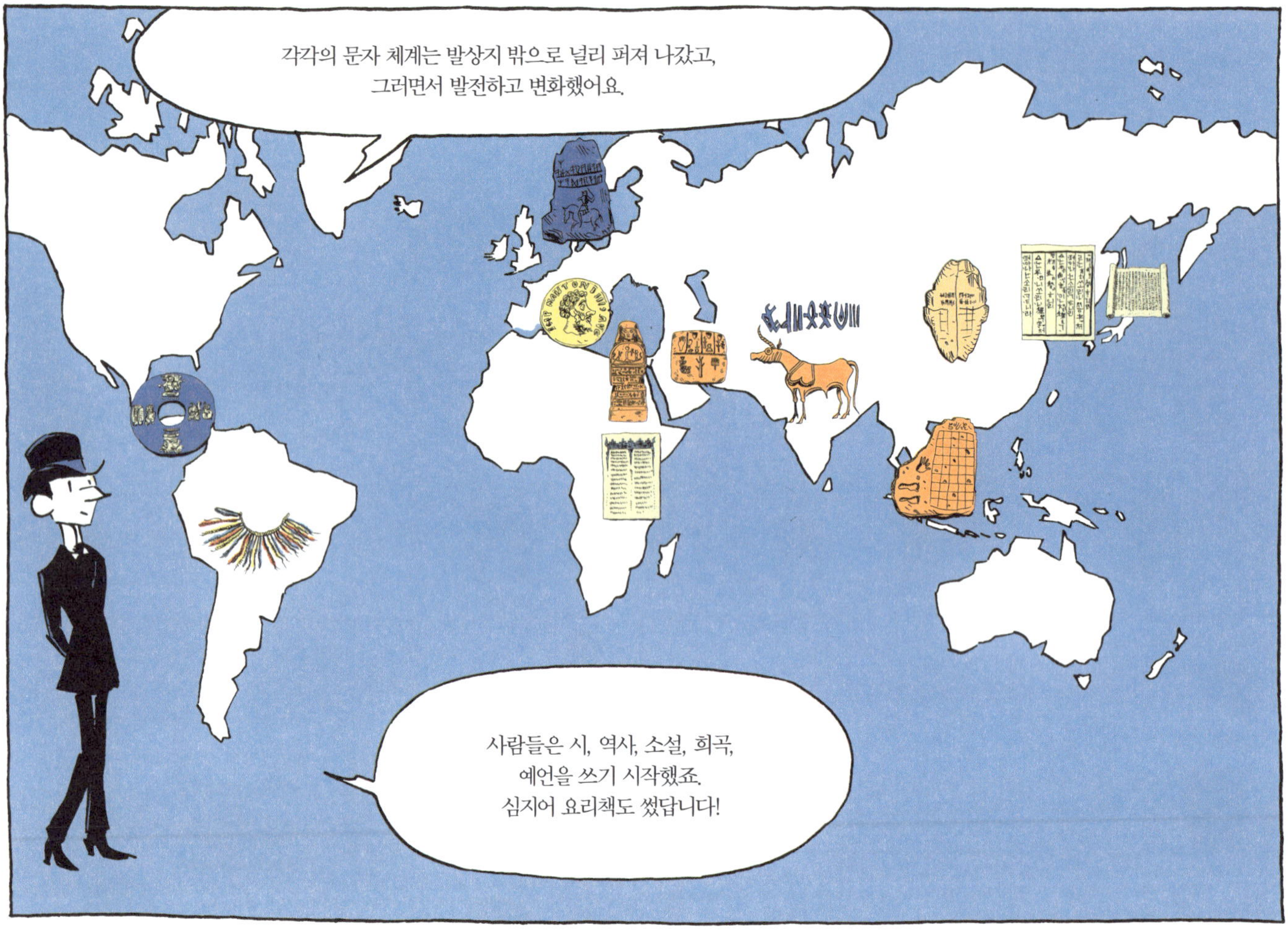

각각의 문자 체계는 발상지 밖으로 널리 퍼져 나갔고, 그러면서 발전하고 변화했어요.

사람들은 시, 역사, 소설, 희곡, 예언을 쓰기 시작했죠. 심지어 요리책도 썼답니다!

하지만 문자의 가장 중요한 기능은 여전히 지루한 수치를 저장하는 거였죠.

그리스의 〈일리아드〉, 힌두인의 〈마하바라다〉, 불교의 〈티피타카〉, 히브리인의 〈성경〉은 모두 구어로 시작됐어요.

수세대 동안 구전으로 전해졌고, 아마 문자가 발명되지 않았더라도 계속 살아남았을 거예요.

하지만 재정을 관리하는 시스템은 문자가 없었다면 존재하지 못했겠죠.

프라하

TV1 오후 8시
시리즈 ★★★

숫자 골렘
주인을 종으로 삼은 하인!

시즌1 요약:
골렘의 언어는 단 10개의 작은 기호로 구성되지만 전 세계 인간을 매료시켰다! 아라비어어, 힌디어, 영어, 노르웨이어 등 사용하는 언어에 관계없이 거의 모든 국가, 기업 및 조직이 '숫자 골렘'에 의지해 데이터를 기록하고 처리하고 있다.

TV1 오후 9시
예능 ★★★

스타의 집을 찾아서

이번 주: 알베르트 아인슈타인

너드픽스 오후 10시
시리즈 ★★★

프리즈너스 오브 01

시청률 1위 〈프리즈너스 오브 01〉은 열풍을 불러일으키고 있는 SF 히트작이다! 호모 사피엔스를 세계의 주인으로 만들어 준 바로 그 능력인 지능과 의사소통에서 컴퓨터가 인간을 앞지른 세계를 상상해 보라.

이 모든 일은 수메르의 괴짜들이 인간 뇌의 데이터 처리 과정을 점토판에 넘긴 5,000년 전 유프라테스 계곡에서 시작되었다.
실리콘밸리에 있는 한 불가사의한 마을에서는 훨씬 더 정교한 형태의 서판 덕분에 데이터 처리 과정이 절정에 이르고, 인간은 더 이상 자신들의 세계를 이해할 수 없다. 그들은 빛과 신디처럼 클라우드_01의 포로가 되었는데, 이 새로운 지도자는 0과 1의 끝없는 연속으로 이루어진 기괴한 구름이다.

주간 TV 매거진

1010호 / 10월 10일 발행

픽션 박사의 밀실

뉴욕.

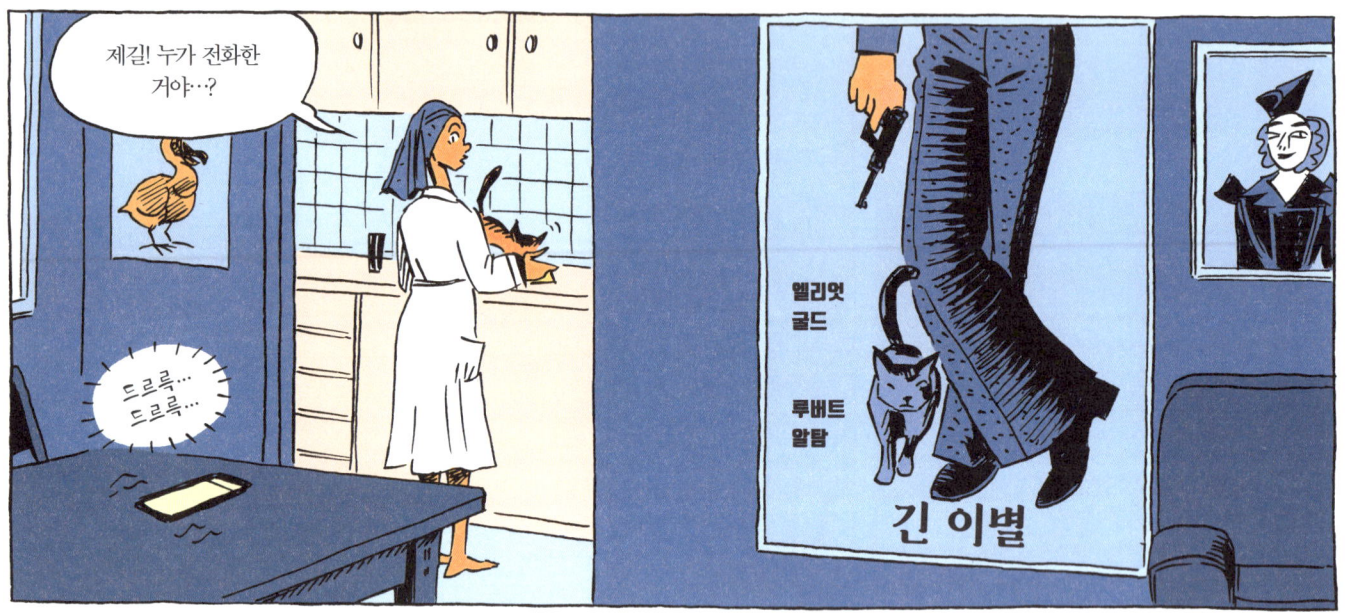

"세상에 우연히 일어나는 일은 없습니다."

"카스트는 우주의 영원한 현실입니다."

"피라미드 꼭대기에 올라간 사람들은 자신들의 특권적 지위가 전쟁 같은 우연한 역사적 전개 때문임을 절대 인정하지 않을 거예요."

"시스템을 안정되게 유지하고 카스트가 섞이지 않도록 그들은 사회를 만드는 레시피에 마법의 성분을 추가했어요. 바로 순수와 오염이라는 개념이죠!"

"독실한 힌두교도들은 다른 카스트 사람과 가까이 접촉하면 오염될 수 있고, 카스트가 섞이면 사회 전체가 오염된다고 배웠어요."

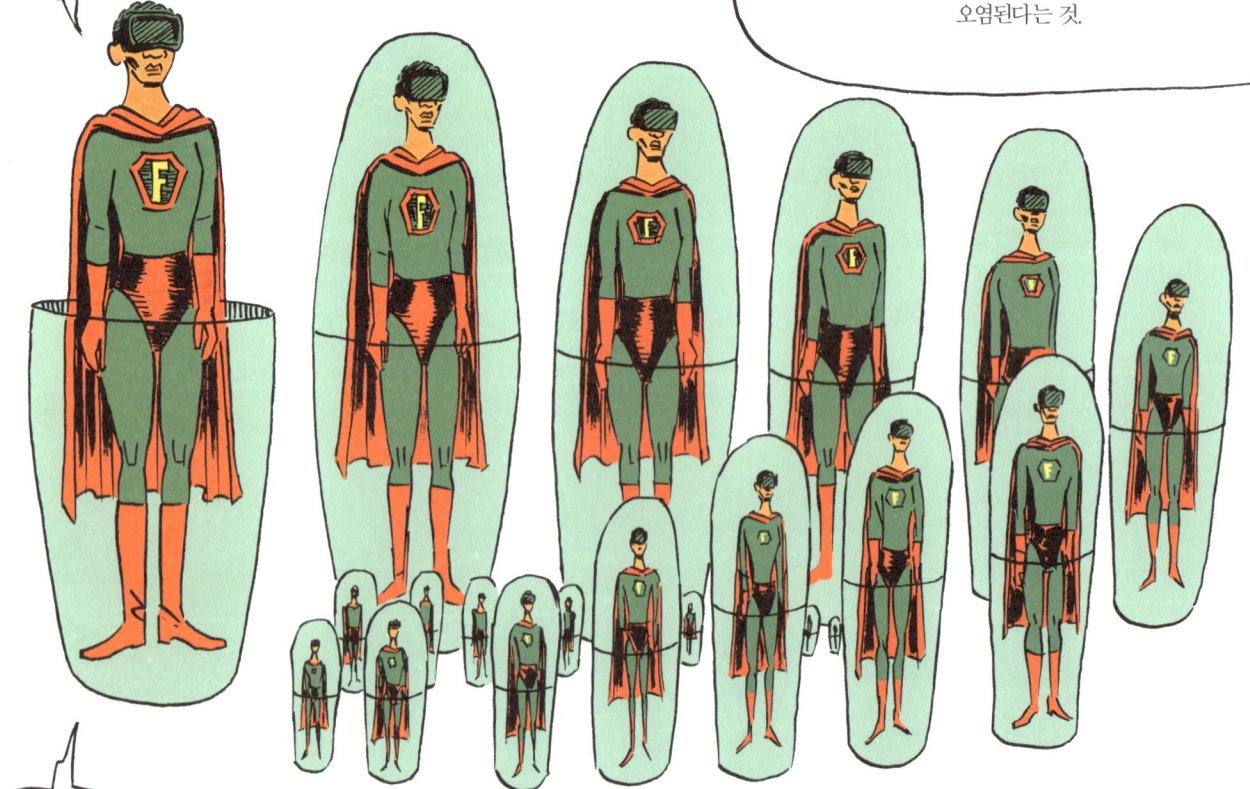

새로운 직업이 부상할 때마다, 또는 새로운 집단이 등장할 때마다 그들은 별개의 카스트로 인정받고 특정한 사회적 지위를 부여받아야 했어요.

어떤 카스트로 인정받지 못하면, 말 그대로 카스트 밖으로 쫓겨났죠. 이들은 사회 구성원으로 받아들여지지 않았어요. 사다리의 맨 아래 칸조차 허락되지 않았죠. 접촉하면 오염되는 불순물로 간주되어 '불가촉천민'으로 불렸어요.

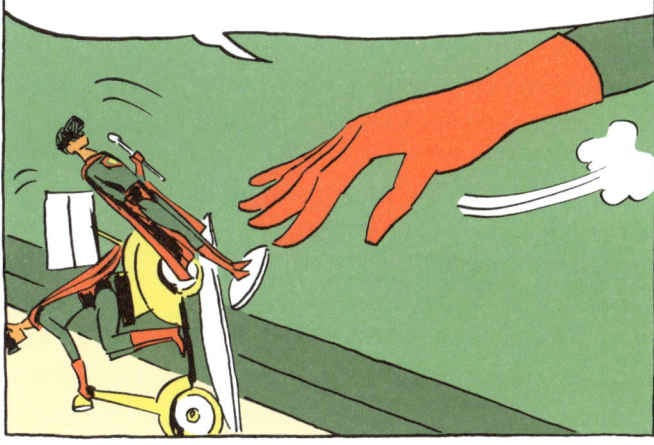

그들은 다른 사람들과 분리되어 살아야 했고, 쓰레기를 뒤지며 굴욕적인 생활을 해야 했어요. 가장 낮은 카스트에 속한 사람들조차 이들을 피했죠.

현대에 와서 인도의 민주 정부들이 카스트 제도를 해체하기 위해 국민들을 설득했어요. 카스트가 섞여도 오염될 일은 없다고 말이죠.

하지만 카스트 신화는 사라지지 않았고, 아직도 채용과 결혼은 카스트의 영향을 받는 경우가 많아요.

기원을 알 수 없는 이상한 허구가 이런 식으로 시간이 흐르면서 엄격한 사회 위계가 되었죠.

현대 미국에서도 비슷한 악순환이 인종 위계를 지탱하고 있어요. 16~19세기 유럽인 정복자들은 아프리카 노예 수백만 명을 데려와 광산과 농장에서 일을 시켰어요.

1619년, 버지니아주 포인트 컴포트

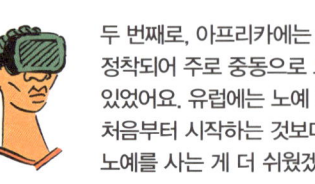

좋아요, 바로 뒤에 있어요.

젠장, 더워! 쪄죽을 것 같네! 여긴 또 어디예요?

1868년 7월, 조지아.

남북전쟁이 끝나고 3년 후예요. 노예 제도는 폐지됐고…

흑인들은 이제 이론적으로는 미국 전역에서 백인들과 완전히 평등해요.

흠… 세상이 갑자기 완벽해졌지만 서류상으로만 그랬다는 거죠?

아무 일도 없었던 것처럼 백인과 흑인의 운동장을 평평하게 만드는 것, 어느 날 갑자기 흑인이 백인과 똑같은 기회를 갖는다고 생각하기는 결코 쉬운 일이 아니었어요.

봐요, 이 확연한 불평등을. 2세기의 노예 생활 후 흑인은 백인보다 평균적으로 가난했고 교육 수준도 낮았어요.

* 조시 화이트, 〈그랜드파〉

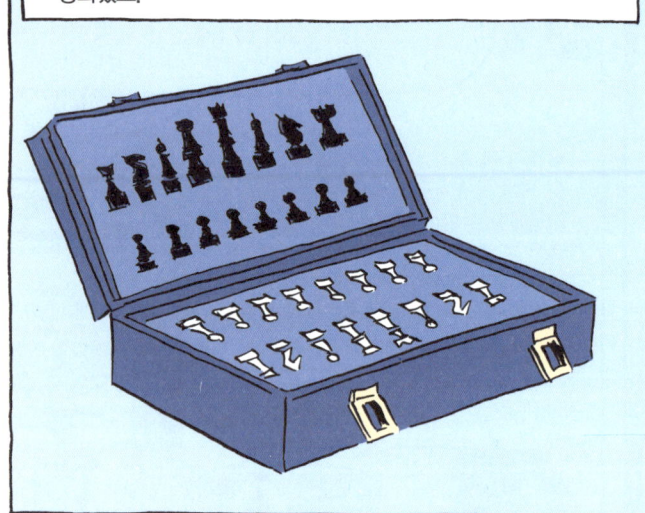

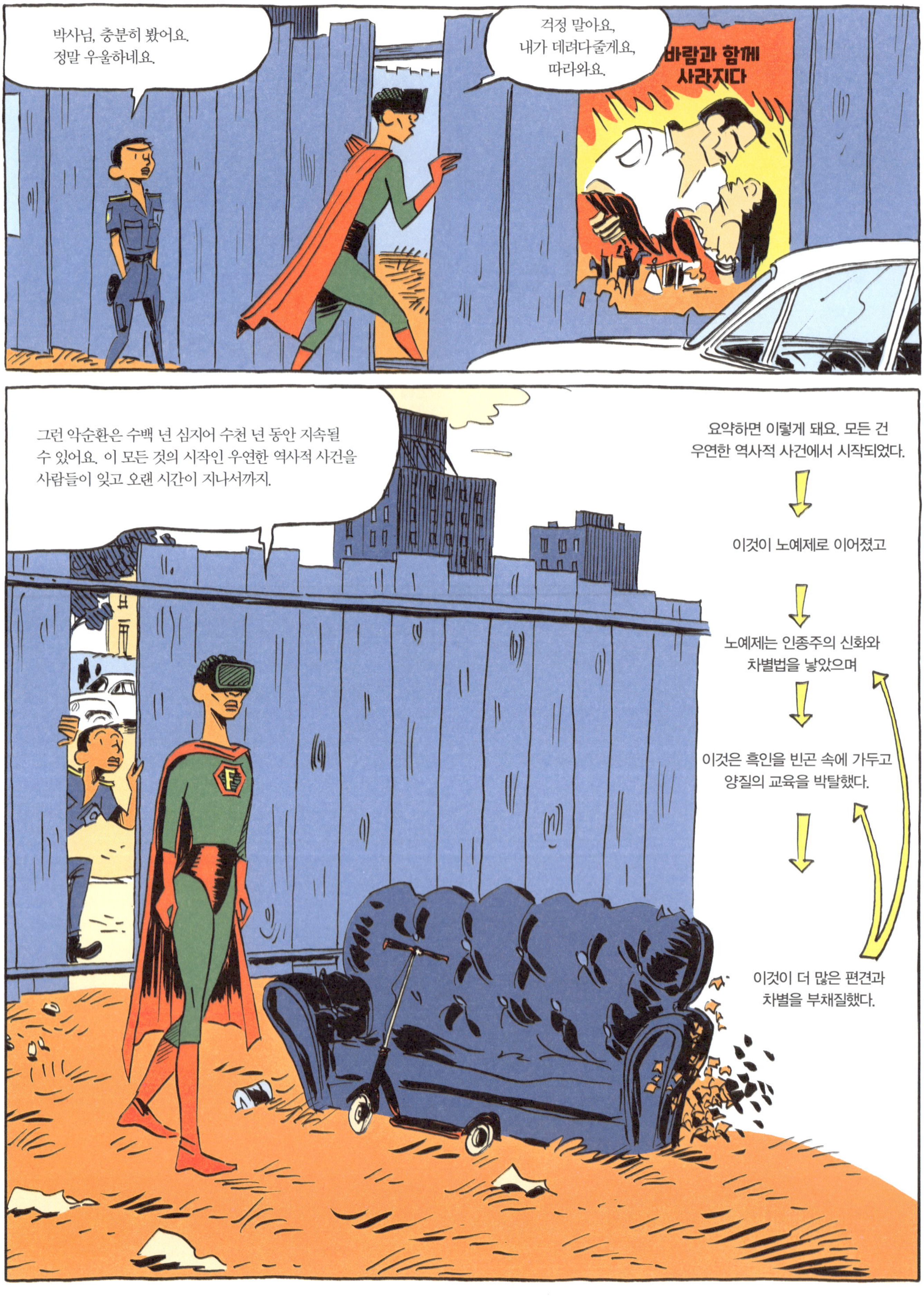

다음 날….

사라스와티 교수님, 솔직히 말해 주세요. 위계질서라는 것에 대해 어떻게 생각하세요? 생물학자로서 사회적 위계를 어떻게 설명하시겠어요?

그야 위계질서 나름이죠. 벌의 경우는 여왕벌과 일벌의 위계를 생물학적으로 간단히 설명할 수 있어요. 여왕벌과 일벌은 몸과 뇌가 달라요.

하지만 인간은 그렇지 않죠. 브라만이 수드라보다 뇌가 큰 게 아니에요.

그리고 인간은 매우 많은 종류의 위계질서를 운영해요. 만일 그것이 생물학적인 메커니즘이라면 모든 사회에 똑같은 위계제가 있겠죠. 벌 군집의 경우는 어디 가나 똑같은 위계제를 볼 수 있어요.

생물학자인 저는 인간 사회의 다양한 위계질서를 설명하기에 적당치 않아요. 내 인류학자 친구 요시다 아이코에게 물어보세요.

좋아요! 아이코, 어떻게 생각하세요?

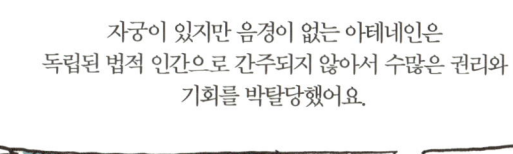

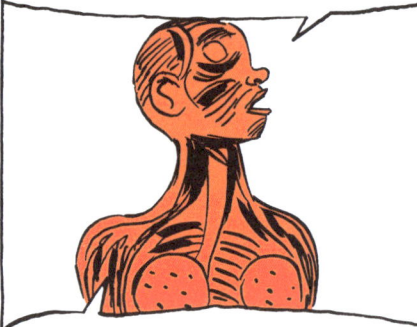

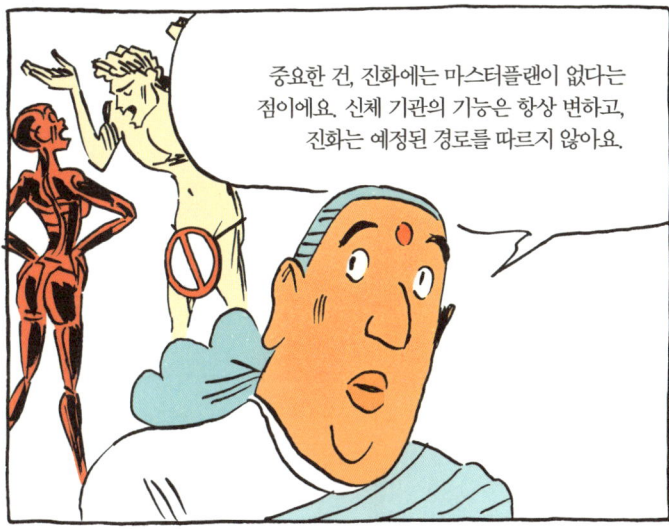

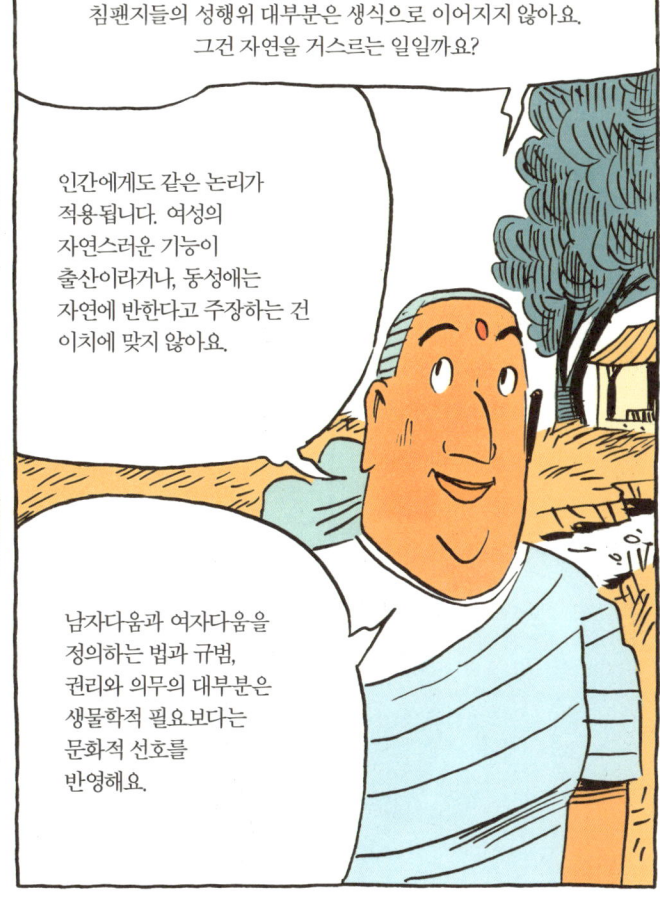

생물학적으로 인간은 남성-여성 스펙트럼에 따라 분류돼요. 대부분의 남성 사피엔스는 X와 Y 염색체를 각각 한 개 가지고 있고, 대부분의 여성은 X 염색체 두 개를 가지고 있어요.

하지만 사람들이 '남자' 또는 '여자'라고 말할 때, 그것은 보통 생물학적 범주가 아니라 사회적 구성물을 가리켜요. 남자는 XY 염색체를 가진 사피엔스가 아니라, 사회에서 이른바 남자다운 역할, 권리, 의무를 부여받은 사람이에요. 여자는 XX 염색체를 가진 사피엔스가 아니라, 사회의 상상의 질서 속에서 여자다운 역할을 하는 사람이죠.

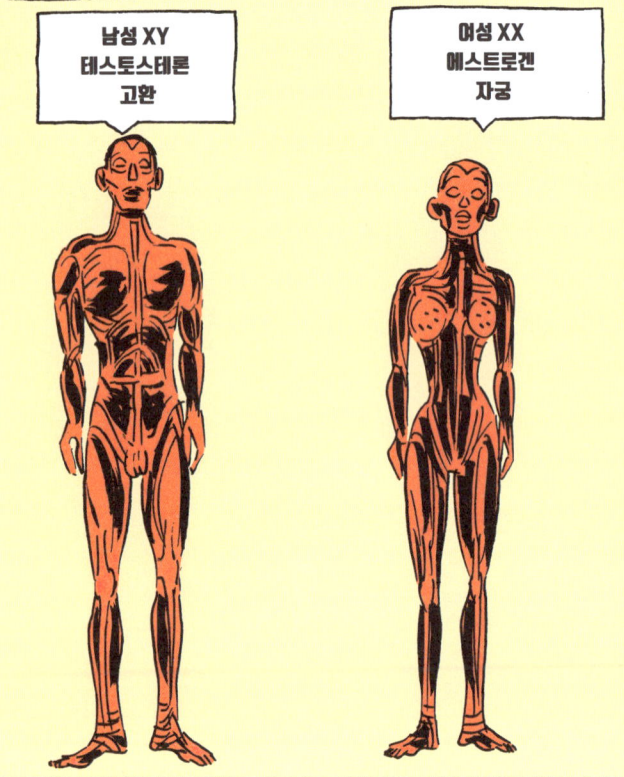

남자와 여자의 역할, 권리, 의무를 정하는 건 생물학이 아니라 문화적 신화예요. 그래서 '남자다움'과 '여자다움'의 의미는 사회마다 엄청나게 달랐죠. 옷차림만 봐도 알 수 있어요.

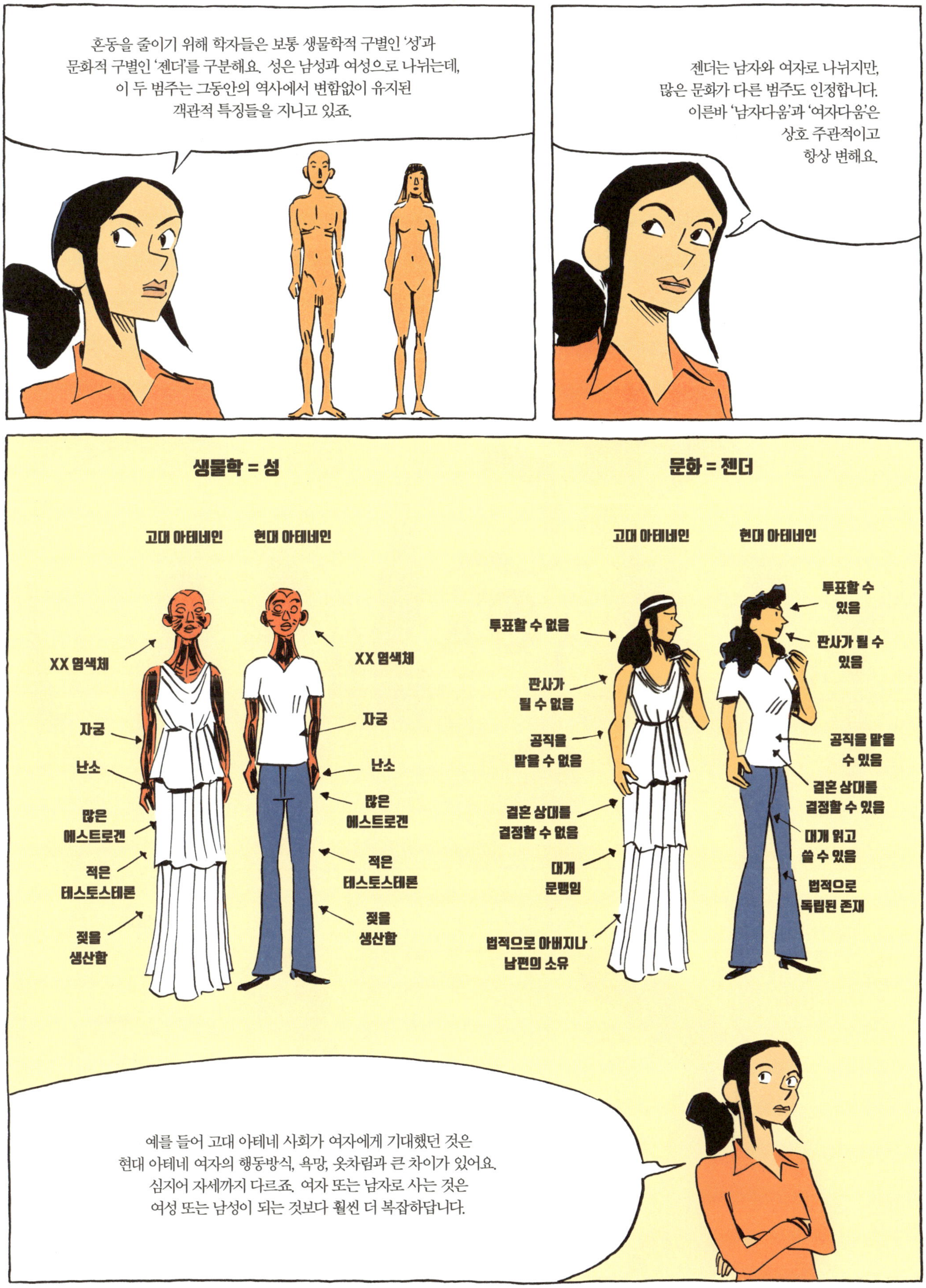

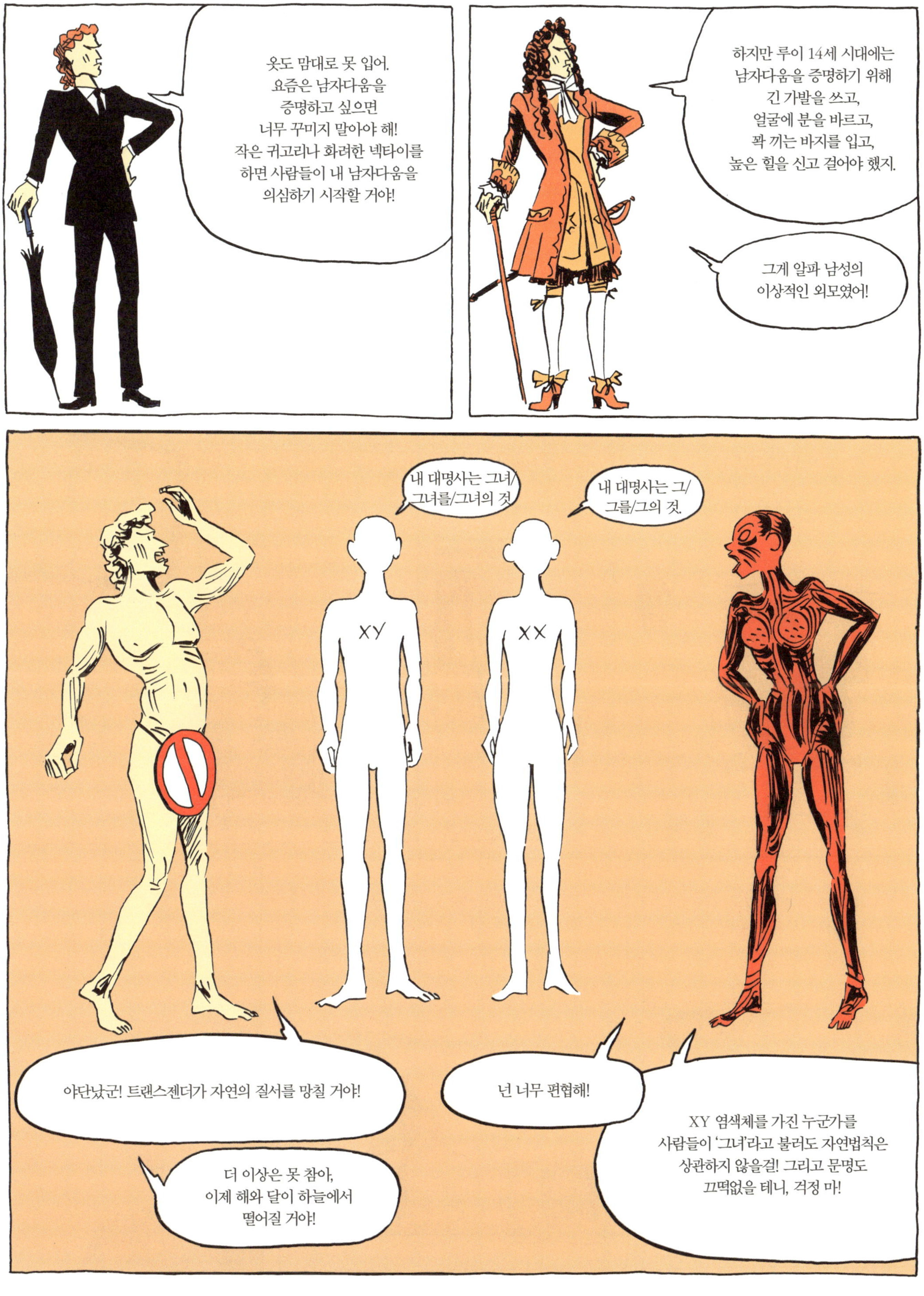

인기 있는 세 번째 가설이 있어요. 이 가설은 남녀 불평등을 남자들의 폭력이나 물리적 힘과 연관 짓지 않고, 남녀에서 서로 다른 번식 전략이 진화했기 때문이라고 설명하죠.

남자들은 가능한 한 많은 가임기 여성을 임신시키기 위해 서로 경쟁했고, 임무를 완수하면 곧장 떠날 수 있었어요.

그러니 자신의 남성 유전자를 미래 세대에 물려준 남성은 가장 야심 있고 공격적이며 경쟁심 강한 남자들이었을 거예요.

여자들에게는 이 전략이 무용지물이었겠죠. 자신을 임신시키려는 남자를 얼마든지 찾을 수 있었으니까요.

여자들은 그 대신 아홉 달 동안 태아를 품고 낳은 뒤에도 수년간 양육해야 자신의 유전자를 후대에 전할 수 있었죠.

이 일을 혼자서 하기는 벅찼을 거예요. 그래서 이 가설은 남자의 도움이 필요했다고 주장하죠.

빌, 그건 냉장고에 절대 안 들어가!

어떤 남자가 곁에 머물며 짐을 분담해 주기를 바라면 그의 조건을 받아들여야 했을 거예요.

그래서 자신의 여성 유전자를 미래 세대에 물려준 여성은 가장 순종적이고 뒷바라지를 잘하는 여자들이었겠죠.

이 가설에 따르면, 서로 다른 번식 전략 때문에 남자는 야심 있고 경쟁적이며 정치적 권력투쟁을 잘하게 진화한 반면…

여자는 싸움에 가담하지 않고 남편과 자식을 돌보도록 진화했죠.

하지만 이 이론도 많은 문제를 내포하고 있고, 여러 가지 의심스러운 전제를 깔고 있어요.

육아에는 분명 도움이 필요하지만, 왜 그게 꼭 경쟁심 강한 남성에 대한 의존으로 이어질까요?

요시다 교수님이 그런 의문을 품는 건 당연해요.
코끼리와 보노보 같은 동물 종을 보면,
의존적인 암컷과 경쟁적인 수컷 사이의 역학 관계는
가부장제가 아니라 모계사회를 낳았어요.

새끼 보노보를 키우려면 많은 도움과 협력이 필요하고,
그래서 어미들은 사회적 능력을 길러야 해요. 어미들은
협력하고, 타협하고, 남들의 생각과 원하는 바를
이해하는 법을 배우죠.

암컷 보노보들은 이 기술을 이용해 암컷 친구들과
견고한 네트워크를 구축하고 서로를 도와요.

반면 수컷들은 서로 싸우고 경쟁하며 시간을 보내죠.
이 말은 곧 수컷들은 협력 기술을 기르지도, 견고한 친구 관계를
맺지도 않는다는 뜻이에요.

그래서 보노보 사회는 암컷 네트워크가 지배해요.
보노보 수컷은 암컷보다 몸집이 크고 힘이 세지만,
만일 어떤 수컷이 암컷을 학대하면 친구들이 잽싸게 와서
피해자를 돕고 불한당을 응징하죠.

아프리카코끼리도 마찬가지예요. 그들의 사회는
우세한 암컷들이 지배합니다. 무리가 갈 길에 대한
모든 중요한 결정을 암컷들이 내리죠.

왜 호모 사피엔스에게서는 똑같은 역학 관계를 볼 수
없을까요? 우리는 그 이유를 모릅니다.

어쩌면… 이런 일반적인 추정들이 틀린 건지도 몰라요.

물리적 힘과 공격성, 경쟁심이 실제로는 호모 사피엔스 남성의 특징이 아닐지도 모르죠. 실제로는 남자들이 어떤 종류의 협력에 뛰어날 수도 있어요. 여자들은 친한 친구들의 네트워크를 조직하는 데 능한 반면, 남자들은 낯선 사람들 사이에 엄격한 위계를 세워서 협력하는, 마초적 특성을 길렀을지도 모르죠.

하지만 이건 추측일 뿐이에요.

분명한 건, 왜 농업혁명 이후 대부분의 인간 사회에서 남자가 여자를 지배했는지 우리는 확실히 모른다는 거죠.

이건 역사 이해에 뚫린 가장 큰 빈틈 중 하나예요.

과학자는 모르면 상상의 역사를 지어내는 것보다 모른다고 인정하는 편이 더 나아요.

당연하죠!

감사의 말

그래픽노블을 만드는 일은 가장 좋은 시기에도 공동의 노력이지만, 세계적인 팬데믹 속에서는 더 말할 것도 없습니다. 많은 분의 협업과 기여가 있었기에 이 프로젝트가 가능했습니다.

저와 함께 이 그래픽노블을 공동 집필하기 위해 천재적 창조성과 에너지를 쏟아부은 다비드 반데르묄렝과 다니엘 카사나브에게 감사드립니다. 이메일을 읽으며 큰 소리로 웃게 만드는 당신들의 능력은 정말이지 놀랍고, 함께 인류 역사를 새롭게 들려주는 방법을 찾아나갈 수 있어서 영광이고 즐거웠습니다.

원고를 사려 깊게 편집했으며 두 언어로 진행되는 팀의 명료하고 원활한 의사소통을 도운 마르탱 젤레르, 프랑스어 원고를 영어로 예리하게 번역하고 교열을 본 아드리아나 헌터, 그림에 말 그대로 멋진 색을 입혀준 클레르 샹피옹에게 감사드립니다. 이 협업이 성사될 수 있도록 도운 안 미셸, 로랑 트리우, 오렐리 라포르트를 비롯해 알뱅 미셸 출판사의 출판팀 전체에 감사드립니다.

이 책의 가능한 최고의 버전을 세상에 내놓기 위해 쉼 없이 노력한 사피엔스십 제작팀에게 감사드립니다. 최고 경영자 나아마 아비탈, 최고 마케팅 책임자 나아마 바르텐부르크, 원고 한 페이지 한 페이지를 창조하기 위해 각 부문을 조정하는 일을 훌륭하게 해낸 니나 지비, 리서치를 도운 제이슨 패리 박사, 더불어 셰이 아벨, 다니엘 테일러, 미카엘 주르, 한나 모건, 첸광 위, 갈리에트 고셀프에게도 감사드립니다.

다양성과 젠더에 대해 매우 중요한 조언을 제공해준 슬라바 그린버그 박사, 아만다 이스터하이젠, 아벨 앙칼레 굿에게 감사드립니다.

밀을 기르는 실용적인 일에 대해 조언해준 앨릭 펠먼 박사에게 감사드립니다.

평생 지지와 격려를 보내준 어머니 프니나 하라리, 재능 있고 두려움을 모르며 나를 무한 신뢰하는 사랑하는 동반자이자 사피엔스십의 공동창립자 이치크 야하브에게 감사드립니다.

_유발 하라리

유발의 열정과 밤낮없는 헌신에 진심으로 감사드립니다. 또한 이 이례적인 프로젝트를 가능하게 만든 사피엔스십 팀 모두에게 감사드립니다.

_다비드 반데르묄렝, 다니엘 카사나브, 그리고 클레르 샹피옹

나탈리 판 캄펀하우트의 사려 깊은 조언과 끊임없는 성원에 감사드립니다.

_다비드 반데르묄렝

안젤리카와 도로테오를 기리며

_다니엘 카사나브

셀리아와 노에의 도움에 감사드립니다

_클레르 샹피옹

출판사는 유난히 혼란스러운 상황 속에서도 이 책을 성공적으로 엮어낸 세 작가, 상황에 잘 대처해준 제작팀, 그리고 매우 특별한 파트너십을 보여준 사피엔스십 스토리텔링팀에게 감사를 표합니다.

이 책의 내용에 대해

과학의 아름다움은 항상 진화하는 데 있다. 새로운 발견들은 세계에 대한 우리의 이해를 영원히 변화시킨다.
이 책의 저자들과 편집부는 이 책에 제시된 역사적 사건들이 집필 시점의 최신 과학 연구를 반영하도록 하기 위해 최선을 다했다. 고고학, 유전학, 문헌 증거의 특정 조각들은 그 해석을 둘러싸고 학자들 사이에 논쟁이 지속되고 있고,
이 논쟁들 중 일부는 만족스러운 해결이 영원히 불가능할지도 모른다. 미래의 발견과 혁신은 과거에 대한 우리의 이해를 뒤집을 수 있고, 우리는 그런 획기적 발전을 기대해야 한다. 그러나 그렇다고 해서 모든 것이 논쟁의 대상인 것은 아니다.
과거에 여러 인류 종이 존재했고, 최후에 남은 인류 종인 호모 사피엔스가 식물과 동물을 길들이고, 자연법칙을 밝히고,
이야기의 힘을 빌려 세계적 규모의 제국들을 건설한 것은 확실한 사실이다. 해가 갈수록 우리는 이런 변화들이
어떻게 전개되었으며, 어떻게 우리가 사는 세계를 만드는 데 기여했는지 점점 더 많은 것을 알아 가고 있다.

사피엔스: 그래픽 히스토리 Vol.2 문명의 기둥

1판 1쇄 발행 2021. 11. 22.
1판 16쇄 발행 2025. 3. 28.

원작·각색 유발 하라리
각색 다비드 반데르묄렝 그림 다니엘 카사나브
옮긴이 김명주

발행인 박강휘
편집 박민수 디자인 이경희 마케팅 고은미 홍보 이한솔
발행처 김영사
등록 1979년 5월 17일(제406-2003-036호)
주소 경기도 파주시 문발로 197(문발동) 우편번호 10881
전화 마케팅부 031)955-3100, 편집부 031)955-3200 | 팩스 031)955-3111

값은 뒤표지에 있습니다.
ISBN 978-89-349-4418-8 07900 | 978-89-349-9131-1(세트)

홈페이지 www.gimmyoung.com   블로그 blog.naver.com/gybook
인스타그램 instagram.com/gimmyoung 이메일 bestbook@gimmyoung.com

좋은 독자가 좋은 책을 만듭니다.
김영사는 독자 여러분의 의견에 항상 귀 기울이고 있습니다.